A. DE LAVALETTE MONBRUN

Docteur ès lettres et en théologie
Chapelain de l'Ordre souverain de Malte

Le Père de Pascal

Chapelain de l'Ordre de Malte

> « Tu n'es que ce que tu te penses :
> Pense-toi donc éternel. »
>
> VILLIERS DE L'ISLE-ADAM.

JOUVE & Cie, ÉDITEURS
PARIS - 15, RUE RACINE - PARIS
1918

Le Père de Pascal

LE PÈRE DE PASCAL

A. DE LAVALETTE MONBRUN

Docteur ès lettres et en théologie
Chapelain de l'Ordre souverain de Malte

Le Père de Pascal

Chapelain de l'Ordre de Malte

« Tu n'es que ce que tu te penses :
Pense-toi donc éternel. »

VILLIERS DE L'ISLE-ADAM.

JOUVE & Cie, ÉDITEURS
PARIS - 15, RUE RACINE - PARIS
1918

Le Père de Pascal

Une lumineuse intelligence s'est éteinte, un noble cœur
a cessé de battre, une figure d'une puissante originalité
a disparu. Le Père de Pascal a rendu son âme à Dieu, le
15 novembre 1917 (1). Sur la tombe de ce beau vieillard,
pour qui nous avions autant d'admiration que d'affection,
qu'il nous soit permis de déposer une couronne tissée de
souvenirs et de regrets.

Les quelques pages qui suivent, — en attendant
l'œuvre plus considérable que, sous forme d'*Anthologie*,
nous espérons pouvoir donner un jour au public, — aide-
ront sans doute à conserver plus vivante la mémoire du
Père de Pascal dans le cœur de tous ceux (et ils sont nombreux) qui considèrent, comme un des bienfaits de leur
vie, d'avoir joui du commerce intime de cet homme éminent, d'une doctrine si sûre en même temps que d'un
esprit si fin.

I

Georges de Pascal était originaire du Haut-Quercy. Il
vit le jour, le 8 septembre 1840, dans le vieux château de
Creysse, dont Bertrand de Born a célébré la puissance en
l'un de ses plus beaux sirventes.

1. Il est décédé dans la maison de retraite de Notre-Dame-du-Temple,
au Dorat (Haute-Vienne), où il s'était retiré.

Les Pascal étaient une vieille famille consulaire de Sarlat, qui avait été anoblie, au xvie siècle, pour les importants services rendus, tant à la petite cité qu'à l'Etat. Plusieurs de ses membres exercèrent avec distinction l'art de la médecine. L'un d'eux, Jean de Pascal, a publié deux ouvrages, dont le renom fut très grand, sur la fin du xviie siècle : *Les admirables effets des ferments dans le corps humain* (Paris, 1681, in-12), et *le Traité des Eaux de Bourbon-l'Archambault* (Paris, 1699, in-8) (1).

Le travail et le savoir furent, en quelque sorte, les signes distinctifs des ancêtres paternels de Georges de Pascal. Quant à sa mère, Esther Dujon, elle était fille du général baron Dujon, écuyer cavalcadour de S. M. Louis XVIII. et qui, plus tard, commanda la brigade de cavalerie lourde de la Garde royale. Le dévouement à la monarchie fut ainsi transmis à Georges en même temps que l'amour du travail. Si nous nous arrêtons à noter ce double rapport de l'hérédité familiale, c'est que nous sommes de ceux qui estiment que *tout homme est l'addition de sa race.* La force de la tradition ne saurait être niée. Nous « sommes agis » dans notre vie plus souvent que nous n'agissons nous-mêmes, et ce sont les Morts qui pensent en nous, qui parlent, qui croient, qui chantent et qui prient.

Le Père de Pascal était fier d'être le compatriote de Montluc, de la Boétie et de Fénelon. Comme bon sang Périgourdin ne peut mentir, il avait du premier l'ardeur guerrière, du second la faconde oratoire, du troisième un air de souveraine distinction qui, partout où il allait, le mettait en évidence.

En ses moments de verve le Père de Pascal aimait aussi à se dire « Auvergnat ». Volontiers laissait-il entendre que

---

1. Nous devons ces intéressants détails à M. Richard de Boysson, chevalier de Malte, dont l'érudition n'est jamais en défaut.

sa famille était un rameau détaché des Pascal de Clermont-Ferrand, encore que sa vaste science généalogique n'eût pas réussi à établir clairement sa filiation avec l'illustre auteur des *Pensées*.

S'il est vrai que le physique soit, pour l'ordinaire, le révélateur du moral, ou, pour parler plus scientifiquement, que le psychique découle du somatique, l'abbé de Pascal, avec sa haute taille, sa forte encolure, son regard vif et pénétrant, son masque énergique et railleur, son verbe tour à tour hautain et familier, donnait assez bien l'image de l'homme qu'il était : un aristocrate (au sens étymologique du mot), qui avait horreur de tout ce qui est vulgaire, un lutteur prêt à défendre jusqu'à la mort ses convictions politiques et religieuses, un esprit largement ouvert et d'une grande facilité d'assimilation, un cœur généreux et d'une bonté sans pareille pour ceux auxquels il s'était donné une fois.

Et de là il apparaît bien que le Père de Pascal n'a pas fait mentir le vieux dicton du pays de Dordogne, qui a la prétention de résumer les qualités essentielles à tout vrai Périgourdin :

PETRA *esto duris,* COR *amicis, hostibus* ENSIS :
Haec tria si fueris, PETRA-COR-ENSIS *eris.*

Le manoir de Veyriniac, où habitait la famille de Pascal, étant voisin de Sarlat, c'est au Collège de cette petite ville, dirigé par les Pères Jésuites, que l'adolescent fit ses premières études. Ses brillantes qualités naturelles ne tardèrent pas à forcer l'attention de ses maîtres et de ses condisciples.

Georges de Pascal conserva toute sa vie un attachement profond pour le Collège qui avait été l'asile heureux de son enfance insouciante. A plusieurs reprises, dans la suite, et chaque fois avec un plaisir renouvelé, il acceptera de venir présider la réunion annuelle des anciens élèves. On aimait à le voir à Sarlat et à entendre sa parole imagée, pittoresque, spirituelle, caustique même parfois. « Il n'y a », disait-il, un jour, à l'issue d'agapes fraternelles, où avait coulé un vin généreux, « de braves gens que les Français. Il n'y a de Français que les Périgourdins. Il n'y a de Périgourdins que les Sarladais ».

Ses études terminées, Georges de Pascal vint étudier le droit à Poitiers. Le séjour qu'il fit en cette ville, où résidait sa famille maternelle, marque une date importante dans son existence.

Il hésitait sur l'orientation à donner à sa vie, quand un discours du Père Mathieu Lecomte, de l'Ordre de Saint-Dominique, toucha son cœur si vivement qu'il résolut d'entrer en religion et de se consacrer tout entier à l'avènement du royaume de Dieu dans les âmes.

Présenté au grand Evêque de Poitiers, Monseigneur Pie, le jeune étudiant en reçut maintes fois des témoignages particuliers de sympathie ; il se lia aussi d'étroite amitié avec Monseigneur Gay, le pieux prélat d'un mysticisme si pur, dont il nous a raconté la vie en des pages qu'on sent écrites avec le cœur.

C'est à Lyon, au couvent des Pères Prêcheurs, que Georges de Pascal fit son noviciat. Il y prit le nom de Frère Vincent. L'étude assidue et approfondie de saint Thomas procure à son esprit, affamé de certitude, une jouissance intellectuelle sans pareille. Dès cette époque la *Summa contra Gentiles* devient son livre de chevet, si bien que, quarante ans plus tard, pour traduire son admiration reconnaissante envers celui qui lui avait appris l'art de penser juste, il ne trouvera rien de mieux que de s'approprier le vers mélodieux où Dante rend hommage à Virgile :

Tu duca, tu signor e tu maestro.

Après avoir occupé avec distinction plusieurs chaires d'enseignement, le Frère Vincent de Pascal fut nommé prieur de l'Institut international des novices dominicains à Saint-Maximin dans le Var. Outre une cinquantaine de religieux français, il y avait au couvent un certain nombre de jeunes gens de nationalité étrangère, Italiens, Brésiliens, Anglais, Polonais, qui y faisaient leurs études théologiques. En dépit de sa jeunesse (il n'avait que trente-six ans au début de son priorat), le Père de Pascal s'acquittait avec une parfaite aisance des délicates fonctions qui lui avaient été confiées (le propre des hommes de talent n'est-il pas de se tenir toujours au-dessus de leur ouvrage ?), quand survinrent les iniques décrets de 1880 contre les Congrégations religieuses.

Le jeune prieur n'eut pas une minute d'hésitation sur le parti à prendre. Le sang généreux des Pascal qui bouillonnait dans ses veines lui dictait son devoir ; il se serait cru déshonoré s'il était resté sourd aux voix ancestrales qui, des profondeurs de son moi, lui criaient : Résistance à l'oppression !

Ce fut le samedi, 30 décembre, de l'année 1880, que la force publique s'étant transportée à Sainte-Maximin, y opéra l'expulsion des religieux dominicains de leur couvent. L'affaire n'alla point toute seule, car le Père de Pascal n'était pas de ces chrétiens timorés qui croient que la religion commande de dire *amen* à toutes les fantaisies des persécuteurs.

Sur son rôle en cette grave circonstance nous possédons une documentation très précise, qui nous a été fournie par une de ses proches parentes et fervente admiratrice (1).

Pressentant l'arrivée prochaine des crocheteurs officiels,

1. Que Madame la comtesse de Monteynard, dont l'exquise obligeance nous a beaucoup touché, veuille bien trouver ici l'expression de notre vive gratitude.

le prieur, qui était bien résolu à ne céder qu'à la force, avait fait faire d'importants travaux de maçonnerie, en vue d'opposer une sérieuse résistance. Toutes les portes avaient été murées, à l'exception de la grande porte d'entrée, qui avait été fortement consolidée à l'aide de puissants madriers.

Au jour fixé pour l'expulsion des religieux, plusieurs brigades de gendarmerie envahissent, vers huit heures du matin, la paisible petite ville de Saint-Maximin. Sortant en foule de leurs demeures, les habitants se réunissent devant le couvent et poussent les cris de: « Vivent les Dominicains ! Vive la liberté ! » Le commissaire s'avance :

— « Ouvrez, au nom de la loi ».

Le Père prieur, apparaissant au balcon du premier étage, s'écrie d'une voix forte :

« Nous sommes en France, Monsieur, et en France, quand on veut, au nom de la loi, pénétrer dans un domicile privé, l'on est porteur d'un mandat de justice. Avez-vous un mandat de justice ? »

D'un geste théâtral le commissaire montre un rouleau de papier : « J'ai un décret. »

— « Votre décret est sans valeur, réplique le Père de Pascal, et je vous avertis, Monsieur, que si vous passez outre, je vous poursuivrai, vous et vos chefs hiérarchiques, par tous les moyens que me donnent les lois. Souvenez-vous que j'ai trente ans au civil, dix ans au criminel, pour exercer ces poursuites ; or, d'ici à trente ans, et même à dix ans, nous pouvons voir bien des changements. »

Sur l'ordre du commissaire, un des crocheteurs essaie de faire jouer la serrure; puis un charron, muni d'un énorme pic, s'efforce d'enfoncer la porte. Tour à tour l'on emploie marteaux, leviers, haches, rien n'y fait ; la porte ne cède pas. Tandis que la cloche du vieux moustier sonne le tocsin, la foule crie de toutes ses forces : « Vivent les Dominicains ! Vive le Père prieur ! »

Après une grosse heure dépensée en pure perte, les crocheteurs, dirigés par le capitaine de la gendarmerie, apportent une échelle et tentent d'escalader la fenêtre du premier étage ; mais le Père prieur, du haut de son balcon, leur lance ces paroles menaçantes : « Prenez garde, vous aggravez votre attentat, puisqu'à l'effraction vous joignez l'escalade. »

Les personnages officiels se consultent ; l'on décide de s'attaquer à nouveau à la grande porte. Après de pénibles efforts, une brèche, opérée par la hache, livre un étroit passage au commissaire.

Sur l'ordre du prieur, chaque religieux s'est retiré et barricadé dans sa cellule. Les portes sont brisées une à une, par la hache et le marteau. Le commissaire donne lecture de l'arrêté de dissolution ; il enregistre la protestation du religieux, puis, au nom sans doute de la Liberté, l'expulse entre deux gendarmes. La même scène se reproduit à chaque cellule. Les vieilles portes, que la Révolution elle-même avait respectées, volent en éclats avec un bruit sinistre.

A chaque religieux qui sort, escorté par ses témoins et encadré par deux gendarmes, la catholique population de Saint-Maximin fait une ovation, offre des fleurs et des couronnes.

La triste besogne touche à sa fin ; il est deux heures de l'après-midi ; il ne reste plus qu'à expulser le Père prieur. S'étant approché de la porte de la cellule du Père de Pascal, le commissaire le somme d'ouvrir au nom de la loi. Pas d'autre réponse qu'un silence dédaigneux. Alors, sur un signe du commissaire, la porte est enfoncée à coups de masse.

Dressé dans sa plus haute taille, le Père de Pascal

foudroie les violateurs de son domicile : « Qui êtes-vous, demande-t-il, pour entrer ainsi chez moi ? »

Le commissaire de police balbutie qu'il agit au nom du préfet du Var, et qu'il est chargé de notifier l'arrêté de la dissolution de la Congrégation des Frères Prêcheurs.

Le Prieur déclare que le dit arrêté n'a aucune valeur juridique : « Je dois de plus, ajoute-t-il, vous faire observer que le Père Rivière, mon confrère ci-présent et moi, nous sommes constitués mandataires légitimes et propriétaires de cet immeuble. Avez-vous, Monsieur, des ordres qui vous permettent de jeter dans la rue les propriétaires ou leurs représentants ? »

Fort embarrassé le commissaire hésite et demande à aller consulter le préfet. — Allez, Monsieur, répartit le Père de Pascal, et faites vite. »

Une heure plus tard le préfet arrive devant le couvent. Le capitaine de gendarmerie vient prévenir le prieur que le représentant du gouvernement l'attend à la porte d'entrée. Mais, arrogant à plaisir, le Père de Pascal réplique : « Je suis chez moi, je n'ai point à me déranger ; c'est chez moi que je recevrai M. le Préfet, s'il a envie de faire ma connaissance. »

Sentant le ridicule de sa position, le préfet, qui est en habit d'apparat, se décide à passer par la brèche faite à la porte d'entrée. L'entrevue avec le Père prieur est froide mais courtoise. Le préfet se montre onctueux, le Père de Pascal, fier, hautain et méprisant, tel qu'il sied, en face de l'injure vile, à un aristocrate de vieille souche.

Il est quatre heures du soir quand le Père de Pascal, qui, depuis huit heures du matin, a tenu tête à la force publique, consent à quitter son cher couvent. Indiquant du geste au préfet les dévastations commises par ses agents, il lui décoche, en se retirant, ce dernier trait : « Les coups de hache qui ont enfoncé nos portes ont décapité les libertés publiques en France, et j'espère bien, Monsieur le Préfet, qu'ils auront porté une atteinte mortelle à la forme de gouvernement qui vous est chère » (1).

L'attentat consommé, il restait au Père de Pascal à vouer ses auteurs au mépris public et à la malédiction divine.

Prenant sa plume de Tolède il adresse au Préfet du Var la protestation suivante, dont l'éloquence n'échappera sans doute à personne :

30 octobre 1880

Monsieur le Préfet,

Des hommes sont venus ce matin, sans mandat de justice, porteurs d'un arrêté de M. le Préfet du Var. Ces hommes ont enfoncé mes portes, ils ont sommé de se disperser ceux qui, sous la garantie du droit commun, vivaient dans ma maison, et, sur le refus d'obéir à cette injonction illégale, ils les ont jetés à la rue. Mes frères, mes amis, les miens, ceux de mon sang et de ma foi, ne me reconnaîtraient pas, et ils me renieraient si je me taisais.

Je suis une liberté, Monsieur le Préfet, puis-je dire avec le Père Lacordaire, dont j'ai l'honneur de porter l'habit, cet habit que vient de toucher la main de votre police, et dans ma personne vos agents ont violé la double liberté du citoyen et du catholique.

A la force brutale j'oppose la résistance du droit. De la violence qui n'a qu'une heure, j'en appelle à la justice de mon pays et à la justice immortelle de Dieu ; j'en appelle à la conscience de tous les honnêtes gens et à l'opinion publique qui ne comprend pas qu'on emploie la chevaleresque épée de la France à guerroyer contre des moines.

Ou les lois me condamnent, et alors pourquoi redoutez-vous de me traduire comme un délinquant devant les tribunaux, ou les lois me garantissent l'usage que je fais de ma liberté, et alors pourquoi me frappez-vous, Monsieur le Préfet ?

A ma protestation comme citoyen français, je joins ma protestation comme catholique, comme prêtre, comme supérieur légitime du couvent des Frères Prêcheurs de Saint-Maximin, e je notifie à tous les auteurs des actes de violence qui viennent de s'accomplir, qu'ils tombent par le fait même sous le coup de

---

1. Extrait du journal *le Citoyen*, 2 et 3 novembre 1880.

l'excommunication majeure réservée au Souverain Pontife. L on peut rire des peines spirituelles édictées par l'Eglise ; je plains les rieurs. Tous, Monsieur le Préfet, nous nous reverrons un jour au tribunal de Dieu. J'y attends avec confiance les vainqueurs de cette triste journée.

Veuillez agréer, Monsieur le Préfet, l'expression de mes sentiments les plus distingués.

Frère Vincent de Pascal
des Frères Prêcheurs,
Prieur du couvent de Saint-Maximin (1).

Si nous nous sommes étendus complaisamment sur la belle conduite du Père de Pascal, lors des expulsions de Saint-Maximin, c'est principalement pour mettre en relief la mâle figure de notre personnage ; mais nous avions aussi une « pensée de derrière », comme dit l'autre Pascal, le génial apologiste chrétien. Les heureux effets — dans l'affaire des Inventaires — de la courageuse attitude d'une poignée de catholiques (désavoués parfois par leurs propres pasteurs), ont montré en lettres de feu que la résistance à l'illégalité est toujours le parti le meilleur. S'il y avait eu, en 1880, beaucoup de catholiques aussi énergiques que Georges de Pascal ; si les magistrats avaient *agi* au lieu de donner leur démission, *imbelle telum ;* si les autorités ecclésiastiques, ne se bornant pas à de simples protestations verbales, avaient rallié leurs troupes et sonné la charge, il y a tout lieu de penser que la face des choses eût, par la suite, changé en France ; que les catholiques, ayant réussi à se faire craindre, auraient cessé d'être traités en parias, et que la franc-maçonnerie au pouvoir n'eût pas osé se livrer à la persécution, tantôt sournoise, tantôt violente, qui a fini, après la spoliation éhontée des biens de l'Eglise et le rapt des fondations pieuses, par aboutir à la séparation de l'Eglise et de l'Etat.

1. Cf. *Le Citoyen*, 3 novembre 1880.

II

Les expulsions de Saint-Maximin eurent un retentissement considérable dans toute la Provence. Le Père de Pascal qui, déjà en 1880, avait donné une station quadragésimale très remarquée en l'église Saint-Joseph de Marseille, fut de nouveau invité à y prêcher le carême de l'année 1881. Une foule énorme, lisons-nous dans un journal de l'époque, se pressait pour entendre le noble proscrit, fils de saint Dominique. Touché de l'affluence qui l'accueillait dès sa première apparition en chaire, et voulant y voir une protestation éclatante contre les odieuses persécutions dont l'habit religieux venait d'être l'objet, l'orateur exprima sa gratitude à la pieuse assemblée dans les termes suivants :

Vous remplissez cette enceinte, Messieurs, et je vous remercie. Vous êtes venus conduits par le noble désir de mieux connaître, afin de mieux l'aimer cette sainte religion que l'on peut bien frapper, mais qui, toujours debout, toujours sereine sous l'outrage, ne répond au mal que par le bien. Vous êtes venus aussi poussés par un sentiment de sympathie, dont, après les événements qui sont dans la mémoire de tous, je comprends la délicatesse et le prix.

Monseigneur, vous avez voulu me faire remonter dans cette chaire, y donner asile à l'habit que j'ai l'honneur de porter, et qui, plus que jamais, est un symbole de la liberté des âmes. Recevez, Monseigneur, avec le digne pasteur de cette paroisse, dont le bienveillant accueil m'est si précieux, recevez en mon nom et au nom de tous mes frères en religion, l'hommage de notre commune reconnaissance. »

Après ce début l'orateur annonce qu'il traitera, durant la station quadragésimale de la *Création du Monde* et du *Gouvernement du monde par Dieu*. Examinant tour à tour la doctrine catholique sur la création et les diverses opinions philosophiques sur l'origine des choses, il recherche quel est le motif de la création et quelles sont les conséquences dans l'ordre pratique de ce dogme capital. Il ne lui échappe pas que, suivant la façon dont le monde est conçu, les esprits se règlent, les mœurs se forment, les institutions se groupent. Dire que le monde est créé, c'est reconnaître que l'homme dépend essentiellement d'une cause première ; prétendre qu'il est incréé, aboutit à proclamer la souveraineté de l'homme et son indépendance absolue.

Pourquoi, s'écrie l'orateur, le riche cupide et le pauvre envieux ? Pourquoi cette lutte ardente et demain peut-être cette mêlée sanglante des convoitises rivales ? Pourquoi le trouble partout, dans l'ordre privé et dans l'ordre public ? Pourquoi l'insurrection à tous les degrés de la hiérarchie sociale ? Pourquoi ces drapeaux levés et qui font resplendir aux feux du soleil les sinistres revendications qu'a gravées sur leurs plis la main de la haine et de la révolte ? Pourquoi ?... La réponse est écrite en tête de l'histoire de l'humanité : « Vous serez comme des dieux, c'était la parole du tentateur à nos premiers parents dans le jardin de l'Eden ».

Vous serez comme des dieux, c'est la parole magique que soufflent à l'oreille avide du peuple des docteurs de désordre. *Vous serez Dieu, Dieu par la souveraineté, Dieu par la liberté, Dieu par la félicité...* Vous avez dit cela. Ces paroles enflammées, descendues des lèvres des sages, répercutées par les mille voix du journal, du livre, du roman, tombent chaque jour sur des millions de cœurs humains, et vous ne voulez pas qu'elles y allument des incendies inextinguibles ! Vous avez rompu tout lien avec le Ciel, vous avez, d'une main sacrilège, effacé le grand nom de Dieu ; vous avez déclaré que la plus haute des autorités et la première des paternités n'était qu'un mensonge, et vous prétendez que la marée montante de l'orgueil humain, gonflée de tous les égoïsmes et de toutes les convoitises, expire devant un chiffon de papier ! Vous n'avez cessé de prêcher à l'homme qu'il est indépendant et souverain, et lorsqu'il se dresse menaçant, réclamant non un haillon mais la pourpre de la souveraineté ; non une miette tombée de la table du festin, mais place entière au banquet des Sardanapales de nos nouvelles Ninives, vous pâlissez, étonnés et déconcertés ; vous êtes ou des naïfs, ou des insensés, ou des malfaiteurs publics.

La doctrine catholique, au contraire, en enseignant que nous avons été tirés du néant, nous apprend que nous sommes, non des souverains, mais des serviteurs... Dès lors l'obéissance est fondée sur des bases inébranlables ; le devoir est rattaché à son premier et indestructible principe ; *l'ordre,* sans lequel il n'y a ni paix ni dans l'individu, ni dans la famille, ni dans la société, reçoit sa plus forte garantie ; et, s'il est violé, il est vengé Comme toujours, l'erreur et la vérité sont jugées par les conséquences, qui en sont la postérité légitime. »

Le Père de Pascal avait reçu de la nature la plupart des qualités qui font les grands orateurs, notamment celle que Quintilien considère comme la principale, l'action. A une intelligence pénétrante, à une sensibilité à fleur de peau, il unissait une imagination de poète, une mémoire jamais en défaut, un organe vocal d'une puissance très étendue. Son style a grande allure et réfléchit assez bien l'homme ; sa phrase, à la lecture, apparaît pleine et étoffée. Nombreuses sont les pages de ses discours, qui, par la force rayonnante de l'idée, la hauteur aristocratique de la forme, la chaleur et le mouvement qui les emportent, atteignent à la véritable éloquence.

Douze témoins ne vous suffisent pas ?... Debout ! Vous tous qui êtes les témoins du Christ ! Augustes vieillards et enfants dans la première fleur de la vie. Vierges qui portez sur vos fronts le rayonnement d'une pureté immaculée, et nobles matrones ; philosophes dont les cheveux ont blanchi dans les rudes labeurs de la pensée, et qui avez creusé avec une ardeur inquiète le champ de la science ; et vous, pauvres esclaves dont les mains sont meurtries par l'outil du travail : patriciens et plébéiens debout ! Dressez-vous de vos tombes qu'ombrage le laurier du martyre. Quelle est votre déposition ?...

Et je vois de tous les points de l'horizon accourir un peuple qui chante, non pas seulement des lèvres, mais avec la parole de son sang, le *Credo* de la foi ! Je crois au témoignage des apôtres, je crois au témoignage de millions et de millions de martyrs, car ils ont apposé à leurs dépositions le sceau de la sainteté de leur vie et de l'héroïsme de leur mort. — N'est-ce point encore assez ? — Voici un nouveau témoin que j'interpelle et que j'adjure de nous dire la vérité :

Contemporain des faits sur lesquels nous l'interrogeons, il vit, il parle, il agit au milieu de nous. Il était penché sur le berceau de Béthléem. Il a suivi Jésus au bord des lacs, sur le flanc des collines, dans les campagnes et dans les villes de la Judée et de la Galilée, il était debout au pied de la croix. Au lendemain de la Pentecôte nous le recevons faisant entendre à tous cette voix solennelle d'un témoignage qui ne se taira plus. Il a conquis l'espace, et il a vaincu cette puissance inexorable qui réduit tout en poussière, la puissance du temps. Dix-neuf siècles n'ont pas mis une ride à son front, un balbutiement à sa lèvre. L'histoire est toute retentissante des batailles que lui ont livrées, sans pouvoir arrêter sa marche, toutes les passions furieuses et coalisées : passions des Césars et passions de la plèbe, passions de l'orgueil et passions des sens ; et vous n'avez qu'à soulever le linceul funèbre qui recouvre le passé, pour contempler, gisant dans une cendre, sans gloire, les cadavres des empires qui lui ont mis l'épée sur la gorge, pour y étouffer la vérité. Ce témoin unique et multiple, antique comme le christianisme et jeune comme l'heure présente, c'est l'Eglise catholique.

La carrière oratoire du Père de Pascal fut marquée par une suite de conférences très brillantes dans les principales cathédrales de France. Paris, Marseille, Bordeaux, Lyon, Toulouse n'ont pas encore perdu le souvenir de la parole enflammée du jeune dominicain, beau comme l'éloquence, éloquent comme la beauté.

Cet hiver même, le distingué directeur du cercle catholique du Luxembourg, le chanoine Fonssagrives, nous citait de mémoire certaines phrases entendues, il y a une trentaine d'années, dans la cathédrale de Montpellier, et où le Père de Pascal, en un splendide mouvement d'éloquence, faisait en quelque sorte voler en éclats la fausse idole, offerte aux adorations de la démocratie : La Liberté.

Quelques mois après son expulsion de Saint-Maximin, le prieur, rappelant sous sa houlette les novices que la persécution avait dispersés, les conduisit en Espagne. Il les y garda plusieurs années, distribuant autour de lui le pain matériel aussi bien que le pain intellectuel et le pain spirituel. Lorsque toute sa fortune patrimoniale fut épuisée, jugeant qu'il ne pouvait plus faire grand chose pour la France à l'étranger, il sollicita et obtint du Saint-Siège, la modification de ses vœux. Toutefois — et nous tenons à le dire — s'il quitta en fait l'ordre des Frères Prêcheurs, le Père de Pascal lui demeura intimement attaché de cœur toute sa vie et jusqu'à ses derniers jours.

En 1874, sur l'initiative du duc de Rohan, l'Association française des chevaliers de Malte s'était reconstituée. Le Père de Pascal, après avoir fait ses preuves de noblesse, suivant le rite obligatoire, y fut introduit et il ne tarda pas à en devenir le chapelain ou Grand-aumônier. Celui qui, en dépit de son indignité, lui a succédé dans cette si honorable fonction, tient à dire combien le cher Père était attaché à tout ce qui concernait l'Ordre de Malte, avec quel zèle il s'acquittait chaque année des devoirs de sa charge, lors de l'Assemblée générale de l'Association et de la cérémonie religieuse, célébrée au Sacré-Cœur de Montmartre, en la chapelle dite des chevaliers de Malte.

III

Au lendemain des désastres de 1870-1871, quelques hommes d'intelligence et de cœur se groupèrent, comme l'on sait, en vue de panser les plaies de la France meurtrie. La Commune, déchirant brusquement les voiles, avait laissé voir l'état de décomposition sociale dont souffrait le pays. Pour améliorer la mentalité populaire, et ramener l'union entre les classes, une seule voie s'ouvrait : une action sociale désintéressée, persévérante, foncièrement chrétienne.

D'un élan spontané le Père de Pascal vint offrir son concours au marquis de la Tour du Pin et au comte Albert de Mun, apportant à celui-ci et à *l'Œuvre des Cercles catholiques d'ouvriers* l'appui de sa parole ardente, mettant au service de celui-là et de *l'École sociale catholique* une plume diserte et infatigable.

Un Bulletin fut fondé : *l'Association catholique*, dont le Père de Pascal devint l'un des principaux rédacteurs. En des articles d'un réalisme très averti, il y définit le but de la nouvelle École : restaurer la France avec tous ses éléments de grandeur et de puissance, avec son Église pleinement maîtresse dans son Ordre, avec son peuple *organisé*, c'est-à-dire composé de groupements autonomes ramenés par un organe central à l'équilibre et à l'harmonie.

Mais toute tentative de reconstruction nationale serait fatalement vouée à l'échec, si, ne tenant aucun compte des données expérimentales de l'histoire, l'on n'avait garde « qu'une nation ne peut ni prospérer ni vivre » — ce sont les paroles mêmes du Cardinal Pie — « en dehors des traditions et des lois qui ont présidé à sa formation ». Partant, le Père de Pascal, dans ses discours comme dans ses écrits, ne cesse, dès cette époque (1884), de plaider en faveur de *la renaissance du traditionalisme en politique*. C'est là l'objet et le titre même de la conférence qu'il prononça, en juin 1904, en la salle de la Société de Géographie, lors d'une séance solennelle du Cercle *Tradition-Progrès*, tenue sous la présidence de M. Paul Bourget. Nous ne pouvons donner ici qu'un aperçu synthétique de l'excellente doctrine traditionaliste, dont notre regretté parent et ami s'est fait, un demi-siècle durant, le zélé propagateur.

Un peuple n'est pas un enfant trouvé, comme par hasard, à quelque carrefour de l'histoire : c'est un *vivant* qui a des ancêtres, un berceau, un sol, une patrie, et qui, au sein de tous les accroissements dont il est susceptible, conserve la marque de son origine, ainsi que les signes distinctifs de sa nature. La France a une tradition léguée par le passé au présent, et que le présent doit transmettre à l'avenir. Cette tradition qui donne à la France, entre tous les autres peuples, un caractère spécifique, a pour traits essentiels d'être à la fois monarchique, chrétienne et sociale. Tradition *monarchique* en premier lieu.

Ce sont les rois qui ont fait la France patiemment, diligemment, comme les abeilles font leur ruche. L'histoire de France est, à proprement parler, l'histoire d'une *maison*. C'est une famille illustre entre toutes, qui, par la claire vision de son génie et la persévérance de son dévouement à la chose publique, a réalisé cette magnifique unité nationale qui s'appelle la France, si bien que les peuples reconnaissants lui ont décerné ce titre, le plus beau qui soit au monde : *la Maison de France.*

Il appert — plus clairement que le jour — que ce qui a fait la grandeur de notre pays et constitué sa force de résistance, lors des violentes secousses qui l'ont ébranlé bien des fois au cours des siècles, ç'a été la loi d'hérédité dynastique. Qu'il se soit rencontré, parmi l'auguste lignée de nos monarques, certains princes légers, dissipateurs, insouciants ; qu'il y ait eu parfois des fautes politiques commises, qui ont entraîné des déviations accidentelles du but primordial ; ces fautes, si regrettables qu'elles aient été, n'ont pas altéré la substance de la tradition. Nos monarques, par des moyens différents, ont tous travaillé au grand œuvre de l'unité nationale ; tous, ils ont forgé d'un métal indestructible, — et c'est là leur honneur, — la statue vivante et incomparable de la France.

— Tradition *chrétienne* en second lieu.

Le Dieu de la France n'est pas une divinité vague, indé-terminée, sans vie comme sans amour, sorte de « résumé transcendant de nos besoins suprasensibles » : c'est le Christ dont la Loi salique proclame la royauté éternelle :

Vivat Christus qui regnat super Francos !

C'est dans le Christ que la France a été baptisée à Reims ; c'est le nom du Christ qu'elle a inscrit sur ses drapeaux, lors de la glorieuse épopée des Croisades ; c'est l'Evangile du Christ qui a été le ciment de ses institutions, la règle de ses lois, l'inspirateur de son art. Charlemagne, Saint-Louis, Jeanne d'Arc sont les fruits merveilleux de cette union du Génie français et de l'Idée chrétienne.

Assurément, il y a eu dans le passé, en matière religieuse, des abus, des excès, et la conscience chrétienne proclame répréhensibles bien des actes de nos anciens monarques. Il n'en reste pas moins que la loi fondamentale de la France, en dépit des infidélités de notre pays aux promesses de son baptême, continuait d'être la loi chrétienne. Il importe, au reste, de distinguer entre le *moyen âge*, où la cité française fut en même temps la cité chrétienne, et *l'ancien régime* qui, en plusieurs points, était contraire au véritable esprit du christianisme, et portait en germe le funeste mouve-ment révolutionnaire.

— Tradition *sociale* en dernier lieu.

L'édifice de la vieille France qui, sous le pic des démo-lisseurs, les uns stupides, les autres criminels, s'est écroulé sur la fin du xviiie siècle, était régulièrement équilibré dans ses divers parties, et offrait la possibilité, moyennant certaines réformes de distribution, d'un aménagement des mieux ordonnés.

A la longue, notre pays avait été doté d'une organisation sociale sans pareille par les soins de l'Eglise et de la

Royauté agissant de concert. Tandis que celle-ci, graduellement, émancipait le travail et les travailleurs, celle-là groupait les hommes de labeur par métiers et les unissait au moyen de liens religieux, en instituant les *Confréries*, d'où sont sorties les CORPORATIONS.

C'est l'Eglise qui a présidé à la naissance, au développement, à la législation de ces magnifiques institutions publiques et chrétiennes — « véritables fraternités embrassant tous les besoins, tous les rapports sociaux » —, et qui, en dépit de certaines imperfections, ont, six siècles durant, « assuré la paix au monde du travail ». Le trait caractéristique de ces associations était de constituer un organisme vivant, un vrai corps social, organisé, hiérarchisé, autonome. Sous le régime du droit naturel chrétien, la France s'est peuplée de familles professionnelles de tout genre, qui devinrent comme l'armature de la société, et, qui plus tard, ont formé la base des Etats. Nos pères, laissant à chacun sa fonction propre, ne prétendaient pas gouverner *directement* la chose publique; ils se contentaient de bien administrer la chose privée ; ils avaient compris que « la bonne constitution du pays réclame la coopération harmonique de ces deux forces : du prince dans ses Conseils et du peuple dans ses Etats ».

Le vieux sol français était hérissé de libertés réelles et vivantes, quand survint la Révolution qui, les confisquant presque toutes —, notamment la précieuse liberté d'association pour le développement des intérêts privés, dont avaient tant joui nos pères —, y substitua de pures entités verbales, les formules abstraites d'Egalité, de Liberté, de Fraternité. Pour le Père de Pascal, comme pour Bonald, de Maistre, le Play, dont il a maintes fois repensé les idées, la Révolution c'est le péché national, la déviation *essentielle*, parce qu'elle consomme la rupture violente avec les principes directeurs qui ont présidé à la naissance et au développement de notre pays. Etant la négation du passé qui nous a faits ce que nous sommes, la Révolution est la négation de l'avenir. A qui sait voir les choses dans leur réalité profonde, elle apparaît tout à la fois anarchie politique, anarchie intellectuelle et morale, anarchie économiqne.

Anarchie politique, « car à un pouvoir issu des entrailles mêmes du pays, sacré par Dieu et par l'histoire, limité par tout un ensemble d'autonomies et d'institutions traditionnelles, ayant chacune leurs fonctions propres... elle substitue un pouvoir suprême, personnification de la souveraineté du nombre, et une loi, expression arbitraire d'une opinion publique perpétuellement changeante. »

Anarchie intellectuelle et morale, « car elle sépare l'homme de Dieu, principe de toute vérité, de tout ordre, de toute justice, et de l'Eglise, interprète et gardienne de la vérité, de l'ordre et de la justice » pour mettre à leur place la liberté de pensée, source de tant d'erreurs théoriques et de si funestes conséquences pratiques.

Anarchie économique, « car à une organisation professionnelle qui soutient les faibles et contient les forts, qui modère le jeu de la concurrence, qui protège le travailleur contre les entreprises de la spéculation et lui assure les fruits de son labeur, qui garantit à la famille la dignité, la sécurité et la stabilité du foyer domestique, elle substitue ce qu'elle nomme la *liberté du travail*, de la propriété, de l'échange et du crédit sous toutes ses formes, c'est-à-dire le déchaînement de tous les appétits, de toutes les cupidités et la prédominance des égoïsmes les mieux armés dans la lutte pour la vie » (1).

A cette anarchie libérale et révolutionnaire, sombre

---

1. Cf. *Révolution et Evolution, le Centenaire de 1789 et les conservateurs catholiques*, par le G. de Pascal, avec une lettre de M. le marquis de La Tour du Pin Chambly.

abîme où menace de s'engloutir ce qui surnage encore d'ordre social, il faut opposer la *hiérarchie* ou l'ordre sacré. La hiérarchie consiste « dans la distribution harmonieuse et ordonnée des différents groupes de la société, d'après les fonctions naturelles et sociales qui leur sont propres, sous la direction de l'autorité ». Au sommet de l'édifice social nous placerons tout d'abord, comme clef de voûte un recteur suprême : *Rex, le roi,* arbitre supérieur des intérêts différents, se tenant au-dessus et en dehors de tous, personnifiant la continuité de la vie nationale, parce qu'il est stable et héréditaire. Nous irons ensuite, nous souvenant que la France, en tant que nation et société politique, a été baptisée à Reims, redemander à l'Eglise le secret « de cette sublime architecture nationale » qui lui fit autrefois construire la chrétienté. Enfin, ayant constaté dans le passé les effets bienfaisants de l'association professionnelle, nous comprendrons mieux que le régime corporatif, base d'un réel régime représentatif et condition d'une sage décentralisation, peut seul opposer une digue solide à la poussée du pernicieux socialisme d'Etat. Ainsi, pour en arriver à une véritable restauration française, il importe de prendre le contrepied de la Révolution, en renouant la triple tradition monarchique chrétienne et sociale.

L'œuvre de reconstruction nationale, à laquelle le Père de Pascal s'était voué de concert avec ses éminents amis, le comte de Mun, le colonel de Parceval, fondateur du *Réveil français,* le marquis de la Tour du Pin Chambly, — pour ne citer que les personnalités les plus marquantes, — il l'a poursuivie, quarante ans durant, sans défaillance, par la plume dans un grand nombre de Revues (*l'Association catholique, la Revue du Clergé, la Revue catholique et royaliste, la Plume politique et littéraire, la Revue critique, la Revue d'Action française,* et par la parole dans les Congrès catholiques, les Semaines sociales, les Conférences du Cercle *Tradition-Progrès* ; enfin et surtout dans les diverses chaires qu'il a occupées, à l'Université catholique de Lille, au Collège libre des sciences sociales, à l'Institut d'Action française. Parce qu'il fut un fervent traditionaliste (loin d'être l'immobilité, la tradition est une vie qui s'épanouit), le Père de Pascal a été un homme de vrai progrès ; pour avoir eu l'intelligente admiration des organisations politiques et sociales du passé (n'ont-elles pas, en leur faveur, l'expérience des siècles?) il mérite d'être compté parmi les meilleurs constructeurs de l'avenir, et d'être honoré comme un maître par la nouvelle génération, à qui incombe la tâche de refaire la France de demain.

Naguère, Charles Maurras, s'adressant à la vaillante jeunesse, qu'il conduit en chef expérimenté aux batailles d'idées, lui disait : Le Père de Pascal possédait la vraie doctrine : « LISEZ-LE ». Un conseil de ce genre, tombé d'une telle bouche, ne sera pas perdu. Les nombreux fils de l'Esprit, qu'a engendrés *l'Action française*, iront s'instruire dans le Père de Pascal, et, en le lisant assidûment, ils apprendront à bien penser. Or, bien penser, c'est tout à la fois le principe de la morale (Pascal) et le principe de la politique (Paul Bourget) ; c'est aussi, ajouterons-nous, le principe de la religion (1).

IV

L'œuvre intellectuelle du Père de Pascal est assez considérable et fort diverse. Elle comprend des études histo-

---

1. « Esprits forts, esprits faibles », a dit la Bruyère. L'incroyance est une sorte de *diminutio capitis*.

riques : *le Centenaire de 1789 et les Conservateurs catholiques, la Question irlandaise, le Concordat, son histoire, son avenir, les Lettres sur l'Histoire de France* (2 volumes in-12) : des études philosophiques : *la Philosophie morale et sociale* (2 volumes in-12) ; *l'Histoire de la Philosophie*, du Cardinal Gonzalez (4 volumes in-8° avec de nombreuses notes) ; des études biographiques : *la Vie de Mgr Gay* ; des études apologétiques : *le Christianisme* (3 vol. in-8°) ; enfin de nombreuses études de politique et d'économie sociale, quelques-unes tirées à part : *la Renaissance du Traditionalisme en politique, Monarchie et Démocratie, la Propriété et le Code de Napoléon, le Mouvement syndicaliste, la Politique catholique, l'Eglise et la question ouvrière*, les autres, en plus grand nombre, disséminées dans les Revues, spécialement dans *l'Association catholique.*

Entre tous les ouvrages, sortis de la plume féconde de l'Abbé de Pascal, nous croyons devoir en signaler deux à l'attention du lecteur, comme les plus à même de procurer à son esprit un élément substantiel, des idées claires, fortes et salutaires : *les Lettres sur l'Histoire de France* et *l'Exposé apologétique du Christianisme.*

Les Lettres sur l'Histoire de France sont moins une histoire proprement dite qu'un essai de *Philosophie de l'Histoire de France.* L'auteur a écrit son ouvrage à la lumière de ce double flambeau indéfectible : l'Eglise et la Monarchie. Il ne s'en cache nullement, étant de ceux qui ne craignent pas de montrer leur drapeau — le drapeau fleurdelisé —, et qui éprouvent même un malicieux plaisir à en dérouler les plis, lourds de gloire, à la barbe des niais et des démocrates.

« Je suis catholique et royaliste ; j'écris en catholique et en royaliste ; le lecteur s'en apercevra presque à chaque page de cet ouvrage. La suite et la logique vivante de l'histoire de mon pays n'ont fait que m'affermir dans ma double foi. »

Les *Lettres sur l'Histoire de France* sont précédées d'une longue préface de M. Paul Bourget, qu'une étude pénétrante du problème politique, envisagée du point de vue historique, a fait, lui aussi, catholique et royaliste.

Le docte Académicien, après avoir rendu hommage au talent du Père de Pascal, le félicite d'avoir nettement dégagé de la multitude si complexe des faits et détails particuliers, l'idée directrice de notre évolution nationale.

« La France est née, elle a vécu catholique et monarchique. Sa croissance et sa prospérité ont été en raison directe du degré où elle s'est rattachée à son Eglise et son Roi. Toutes les fois qu'au contraire ses énergies se sont exercées à l'encontre de ces deux *idées directrices*, l'organisation nationale a été profondément, dangereusement troublée. D'où cette impérieuse conclusion que la France ne peut cesser d'être catholique et monarchiste, sans cesser d'être la France, — de même qu'un foie ne peut cesser de produire de la bile sans cesser d'être un foie, un estomac de secréter du suc gastrique, sans cesser d'être un estomac. »

Assimilations réalistes, qui nous plaisent beaucoup moins qu'à M. Bourget, disciple par trop zélé de Claude Bernard, mais où il ne faut voir que l'énoncé de la grande loi métaphysique : « Tout être tend à persévérer dans son être. » Or, l'être de la France, n'en déplaise à nos modernes idéologues, tous plus ou moins grisés par la liqueur frelatée du *Contrat social*, c'est la constitution monarchique. Charles Maurras ne pense pas autrement, qui nous déclare, sur ce ton de tranquille assurance que donne la certitude de la vérité politique possédée : « La monarchie se démontre comme un théorème. »

Historien pour qui les lois de la politique étaient inscrites dans l'histoire, le Père de Pascal a été aussi un apologiste de valeur. Son œuvre principale : *l'Exposé apologétique du Christianisme*, comprend trois forts volumes, qui traitent, le premier de *la Vérité,* ou de l'excellence et de la divinité de la religion chrétienne, le second *des Vérités,* ou du contenu dogmatique et moral de cette même religion, le troisième *des Lois,* où sont retracés les principes directeurs et les règles de la morale chrétienne.

Le Père de Pascal n'a pas visé à faire un travail savant, où seraient résolus les multiples et délicats problèmes, qu'une critique parfois immodérée pose sans les éclairer ; il a voulu simplement offrir aux gens du monde, d'esprit cultivé, une exposition claire, exacte, approfondie du christianisme. Son livre n'est pas seulement un livre de bonne foi, mais aussi un livre de foi strictement orthodoxe, puisqu'aussi bien, en matière de doctrine et d'opinions théologiques, l'auteur nous avertit lui-même qu'il a suivi de préférence son « vieux maître » saint Thomas, et cet « admirable catéchisme du Concile de Trente », si vanté, si peu étudié.

L'édifice apologétique repose, sans nul doute, sur des bases immuables ; mais ses formes extérieures varient avec les époques et se renouvellent avec les hommes. Il importe de parler à chaque génération le langage qui lui convient. Sans changer un « iota » à la doctrine traditionnelle, l'Abbé de Pascal a su trouver des formules appropriées aux nécessités contemporaines et conformes aux données actuelles de la science. Esprit éclectique, au meilleur sens du mot, il « prend son bien partout où il le trouve ». Arc-boutant, d'ordinaire, son argumentation sur l'apologétique traditionnelle, empruntant parfois des points de vue nouveaux à l'apologétique contemporaine, il fait tour à tour l'effet d'un ancien et d'un moderne. Ancien, il l'est à la vérité par la méthode, le mode de discussion, le choix des preuves, le recours habituel aux sources classiques : Ecriture Sainte, Conciles, Encycliques des Papes, Ecrits des Pères et des Docteurs de l'Eglise ; moderne, il l'est aussi par l'art consommé de l'exposition, le choix et la disposition des matières, le souci de se placer en face des problèmes nouveaux, les emprunts faits aux apologistes contemporains, la langue vive, précise, colorée.

Entr'ouvrons l'ouvrage. Il débute par une magistrale introduction sur le problème de la certitude dans ses rapports avec l'apologétique. Idée neuve et fort heureuse. Il importe, en effet, avant de s'appliquer à l'étude de la religion, de savoir si l'homme est capable d'arriver à la vérité, et quelle confiance on peut avoir dans l'usage de la raison. Admettons un instant avec une certaine philosophie en vogue que l'esprit humain ne puisse atteindre la réalité, que nos connaissances soient dépourvues de toute valeur objective, que la vérité soit un phénomène purement psychologique, qui varie avec la disposition du sujet, à quoi bon les apologétiques, soi-disant scientifiques, et sur quelles bases iront-elles s'appuyer ?

Custos quid de nocte?... Sentinelle vigilante, le Père de Pascal a vu le péril et il le signale au début de son ouvrage avec une rare vigueur de pensée et d'expressions. Il montre que la philosophie du sens commun a raison contre la philosophie prétendue savante, importée d'Outre-Rhin, et que le corollaire logique de toutes les doctrines qui affirment la relativité de la connaissance, ne peut être qu'un véritable suicide intellectuel et moral. Pour lui, comme pour tout philosophe chrétien qui sait voir, aujourd'hui le *subjectivisme c'est l'ennemi !*

Il ne saurait être question ici d'apprécier dans le détail l'œuvre apologétique du Père de Pascal. Il nous suffira de déclarer que, véritable *Somme de la religion*, à notre époque, son *Exposé du Christianisme* rendra de grands

services aux hommes du monde, troublés par la sophis-
tique des journaux antireligieux, aux prêtres de campagne,
déroutés parfois par les objections de l'incrédulité moderne,
aux jeunes gens enfin, soucieux, en ces jours de bataille,
de n'entrer dans la mêlée qu'avec des armes bien trem-
pées.

Historien et apologiste, le Père de Pascal a encore su
faire figure d'économiste. C'est spécialement à ce dernier
titre qu'il a été mêlé au grand mouvement social tenté
par les catholiques de France après la guerre de 70. On
peut dire qu'il a dépensé le meilleur de ses énergies à
l'étude, si complexe dans ses modalités, du problème
ouvrier.

Depuis de longues années l'Université de Lille s'était
attaché le Père de Pascal comme maître ès sciences sociales;
sa compétence, en ces matières délicates, eut plusieurs
fois l'occasion de s'affirmer, notamment dans les Congrès
catholiques de Liège et de Fribourg. Le docte ecclésias-
tique était avantageusement connu au delà des frontières,
si bien que, de Suisse, d'Espagne et d'Italie, certains économistes réputés sollicitaient son opinion et se jugaient
fort honorés de sa courtoise amitié.

Chaque année, répondant aux pressantes invitations de
son docte ami, feu Henri Lorin, le P. de Pascal assistait
aux *Semaines sociales*, et sa parole y était toujours écoutée
avec la plus haute déférence. Toutefois, il ne chercha
jamais à caresser les oreilles de ses auditeurs du doux murmure de vérités amoindries. Sa critique virulente de
l'œuvre politique, sociale, économique de la Révolution
française, mériterait de rester, parmi nous, comme une
acquisition permanente, *ktèma eis aei* (1).

Il convient d'ajouter qu'en face de la toute récente
Ecole des Démocrates chrétiens qui s'agitaient — parfois

_____

1. Thucydide.

un peu bruyamment — dans les *Semaines sociales*, le P. de Pascal sut marquer nettement la position de l'Ecole sociale catholique :

« Nous sommes des rénovateurs sociaux, déclara-t-il, de concert avec son éminent ami, le marquis de La Tour du Pin ; nous ne sommes pas des *démocrates*. Nous ne croyons pas, surtout en France, à la vertu bienfaisante de la démocratie politique, et nous avons l'audace de penser et de dire que, si cette démocratie triomphait, ce serait une régression dans l'œuvre de la civilisation. »

On devine la joie du P. de Pascal qui, trente ans durant, avait clamé ces excellentes vérités comme dans un désert, quand, au déclin du siècle dernier en même temps qu'au déclin de ses jours, il vit surgir une nouvelle Ecole, anti-démocratique celle-là et traditionaliste, en qui il reconnaissait le meilleur de sa pensée. Avec empressement le vieil athlète catholique, se tournant vers les chevaliers servants de l'Idée monarchique, leur adresse le salut de l'épée :

« Une Ecole, jeune par la date de sa naissance, ancienne par les traditions auxquelles elle s'attache et qu'elle renouvelle, l'*Action française*, bien nommée parce qu'elle estime avec raison qu'une pensée efficace doit se traduire et rayonner en action, s'est inspirée — comme nous-mêmes — de la nécessité de déraciner les faux dogmes de 89 qui tuent la France. En même temps, elle a démontré scientifiquement que la France ne pouvait revivre que par la monarchie et a jeté à pleines mains son enseignement dans tous les sillons ouverts d'âmes résolues à vivre, à travailler, à combattre pour le salut de la patrie. A la force brutale de l'idée révolutionnaire, juive et maçonnique, il faut opposer résolument la force incomparable de l'idée catholique et française (1). »

1. *Lettres sur l'Histoire de France*, t. II.

L'*Action française*, à ses déduts, n'était qu'un principe, mais un principe est une graine, et, tôt ou tard, la vie enclose dans la petite semence, finit par sourdre et épanouir. Ainsi en fut-il du mouvement néo-royaliste.

Flattés du patronage, que leur accordaient avec tant de bienveillance des hommes aussi considérables que le Père de Pascal et M. de La Tour de Pin, les chefs de l'*Action française* n'eurent garde de repousser la main qui leur était aimablement tendue. Ce rapprochement entre deux Ecoles, si voisines d'idées, eut d'heureuses conséquences. Invité à professer à l'Institut d'Action française, l'abbé de Pascal y occupa, plusieurs années durant, la chaire d'Histoire de France et la chaire de Politique religieuse ou du *Syllabus*. Son double enseignement, qui avait pour caractères propres, d'être à la fois une lumière, une force, une vie, y fut très goûté. On aimait la clarté de ses exposés, la franchise presque brutale de ses affirmations, son humour et la vivacité de ses réparties.

Un jour, à l'issue d'un cours sur la Politique catholique, un auditeur (timide libéral sans doute) s'enhardit jusqu'à poser ce cas de conscience au conférencier. « L'Eglise, n'est-ce pas, mon Père, recommande le respect des pouvoirs établis. Si donc je faisais le coup de force, m'accorderiez-vous l'absolution ? » Mu comme par un ressort, le Père de Pascal se redressa. « Faites-le, le coup, s'écria-t-il, faites-le d'abord », puis, baissant la voix, il ajouta avec un fin sourire : « Vous viendrez me trouver ensuite. »

On nous permettra aussi de rappeler l'intéressante séance qui fut marquée par la présence du cardinal de Cabrières. Le cours était déjà commencé (car la visite était inattendue), quand le vénéré évêque de Montpellier fit son entrée et vint se placer à la droite du conférencier. Dans une brillante improvisation, le P. de Pascal salua le prélat qui est une des gloires de l'Eglise de France. Mgr de Cabrières répondit en ce langage fin et mesuré dont il a le secret ; il évoqua les succès oratoires du Père de Pascal à Montpellier, vingt ans plus tôt, et déclara qu'en pleine communauté de sentiments avec le conférencier, il ne craignait pas de se dire, lui aussi, « *très Action française* ».

L'abbé de Pascal n'était pas homme à abdiquer sa personnalité ni à faire litière de ses idées. Lors de sa prise de possession de la chaire du *Syllabus*, il fit cette déclaration : « Si j'apportais ici une demi-vérité,... j'estime que je serais infidèle au mandat qui m'a été confié et que j'ai accepté de grand cœur. Si, pour parler à cet auditoire, j'avais dû imposer certains silences à mes lèvres, j'aurais décliné l'honneur qui m'a été fait. Mais on m'a dit : « Vous enseignerez dans leur intégrité, dans leur plénitude, les doctrines de votre foi », et j'ai répondu : « Allons ! »

Si les vigoureux coups de boutoir, assénés par Daudet, faisaient tressaillir d'aise l'âme ferrailleuse de Georges de Pascal, la logique implacable de Maurras enchantait son esprit, et il éprouvait à le lire une véritable ivresse intellectuelle. L'admiration du Père de Pascal pour les écrivains de l'*Action française* n'allait pas, toutefois, sans quelques réserves. C'est ainsi qu'il s'est toujours refusé à reconnaître Renan (en dépit de sa forte critique de l'œuvre révolutionnaire) pour un des maîtres de l'Ecole. « Maurras a beau dire. J'aimerais mieux avaler mon sabre (comme s'il en avait eu un à son côté ?) que d'avaler Renan. Il nous a fait trop de mal à nous, catholiques, pour le mettre sur un piédestal. »

Le Père de Pascal était un érudit. Parlant avec facilité l'espagnol, l'italien, l'anglais, il savait assez d'allemand pour déchiffrer les revues savantes d'Outre-Rhin. Doué d'une mémoire peu commune, il retenait tout ce qu'il avait lu. Or, il lisait sans répit. Il s'était composé une vaste bibliothèque d'une façon assez curieuse. Deux fois l'an, pour l'ordinaire, il arrivait à Paris avec deux malles, dont l'une était entièrement vide. Trois jours sur quatre, le bon Père passait son après-midi à « bouquiner ». « Que voulez-vous ». nous disait-il plaisamment, quand nous le rencontrions dans les rues avec plusieurs volumes sous le bras : « *J'ai la concupiscence du livre.* » Le Père de Pascal cédait si bien à cette noble concupiscence qu'au moment du départ il lui fallait parfois acheter une autre malle pour y renfermer son précieux et trop volumineux butin.

Le Père de Pascal était un causeur étincelant. Il passait tour à tour, dans la même conversation, du grave au doux, du plaisant au sérieux. S'il avait de l'esprit jusqu'aux ongles, il lui arrivait parfois de montrer à ses contradicteurs qu'il avait aussi des ongles au bout de son esprit. Dans l'intimité d'un salon choisi, il se livrait tout entier et dévoilait des tendresses d'âme, qui lui faisaient des amis à toute épreuve. Quand il s'était donné une fois, il ne se reprenait plus, et l'on savait qu'on était en droit de compter sur la fidélité invariable de son dévouement.

Rien de mystique ni de sentimental dans la piété du Père de Pascal, mais une foi saine, robuste, vivifiante, qui prenait sa source dans l'étude réfléchie des dogmes, leur harmonie avec les postulats de la pensée, le commerce habituel des grands écrivains catholiques et des docteurs de l'Eglise, spécialement saint Thomas. Le Père de Pascal croyait peu avec son cœur mais beaucoup avec sa raison, ce qui, n'en déplaise à certains apologistes contemporains, est encore le meilleur moyen de croire.

Philosophe, théologien, orateur, économiste, historien, apologiste, le Père de Pascal a été, à tout prendre, un des prêtres les plus marquants du clergé de France. Et cependant l'on pourrait dire (le lecteur saisira l'allusion), qu'*il ne fut rien*, au cours de sa longue vie, *pas même* chanoine. Le fait, à la réflexion, ne laisse pas que de provoquer quelque étonnement. L'on comprend sans peine que les opinions monarchiques du Père de Pascal d'une part, ses rares qualités intellectuelles et morales d'autre part, l'aient écarté des listes épiscopales en certaines périodes difficiles du régime concordataire, alors qu'un nonce à Paris, impuissant à faire arriver à l'Episcopat les ecclésiastiques les plus méritants, laissait tomber cette parole découragée : « Je passe mon temps à écarter les mauvais candidats, à pousser les bons, à laisser passer les médiocres. »

Mais comment expliquer que les autorités religieuses aient laissé sous le boisseau le flambeau ardent et lumineux, *lucerna ardens et lucens*, que fut le Père de Pascal ? que l'onn'ait jamais songé à lui confier l'administration d'un diocèse, tout au moins à titre de vicaire général, alors surtout que sa parole apostolique avait évangélisé si longtemps, avec tant d'éclat, l'ouest et le midi de la France ? Serait-on fondé à prétendre, comme un ami nous le murmure à l'oreille, que le Père de Pascal s'est nui à lui-même par le droit qu'il s'était arrogé d'avoir du talent ? Ou bien faut-il penser, comme nous inclinons à le croire, que, dédaigneux des honneurs et incapable de la moindre bassesse en vue de les obtenir, le Père de Pascal a voulu rester le serviteur désintéressé de l'Idée ?

Il y a quelque vingt-cinq ans, l'Université catholique de Toulouse étant en quête d'un recteur, le nom du Père de Pascal fut mis en avant. Mais plusieurs catholiques libéraux objectèrent l'indépendance d'esprit du personnage, ses opinions politiques si nettement tranchées, sa haine du libéralisme, toutes mauvaises raisons qui parurent convaincantes à certaines individualités ecclésiastiques d'esprit timoré.

Et pourtant, nous disait un jour avec une pointe de

mélancolie le docte Père : « Je crois que je n'aurais pas fait un trop mauvais recteur. » C'est bien notre sentiment, à nous aussi, qui savons, par une longue fréquentation de l'Institut catholique de Paris, combien une pareille fonction est lourde et délicate, que de qualités de tout ordre elle réclame de celui qui en est honoré.

Il nous sera bien permis de regretter, en cette notice (qui s'adresse uniquement à un petit nombre de lecteurs choisis), que le Père de Pascal, par la faute des circonstances et aussi, un peu sans doute, par la faute des hommes... n'ait pas été placé sur le vaste théâtre où ses multiples talents auraient pu se développer et produire des fruits abondants. Chose étrange, un certain milieu ignore pour l'ordinaire, ou feint d'ignorer ses grands hommes. Nous l'avons vu naguère s'enticher d'un Brunetière, ce fidéiste notoire et partant semi-hérétique, qui s'éteignit sans se réconcilier avec le Dieu de son baptême ; ou encore d'un Peguy, ce poète au mysticisme vaporeux, dont l'orthodoxie catholique était si contestable ; par contre, des hommes d'une très haute valeur intellectuelle et morale, tels que Mgr d'Hulst, l'abbé de Broglie, le Père de Pascal, Mgr Gay, tous philosophes, théologiens, apologistes, économistes ou écrivains mystiques remarquables, n'ont eu, de leur vivant, si l'on excepte un tout petit groupe d'esprits avertis, ni les disciples, ni les admirateurs, ni même les lecteurs qu'ils méritaient. Tel est le fait, regrettable à beaucoup d'égards, que nous tenions à mettre en lumière (1).

S'il convient de dégager une idée générale des pages qui précèdent, il semble que ce qui constitue l'unité de la

1. Il n'en est plus tout à fait de même heureusement aujourd'hui. Les remarquables ouvrages de Mgr Baudrillart (*Vie de Mgr d'Hulst*) et du Père de Pascal (*Vie de Mgr Gay*), en faisant mieux connaître les deux regrettés Prélats, leur ont acquis une profonde sympathie dans la plupart des milieux religieux.

vie — en apparence un peu dispersée — du Père de Pascal, c'est son amour de l'ordre. Homme de principes, notre éminent ami a détesté tout ce qui est à base d'anarchie, le protestantisme, le libéralisme, l'individualisme, la démocratie. Comme nous lui reprochions un jour la dureté de termes dont il avait coutume de se servir en parlant des Protestants : « Mais ce sont des révoltés », répliqua-t-il.

S'il a aimé les petits et les humbles, pour lesquels sa générosité était sans bornes, le Père de Pascal avait en horreur la démocratie, ou le régime de la compétition légale pour l'exercice du pouvoir, qui lui apparaissait le pire fléau du peuple, la lèpre des sociétés modernes, une source intarissable de désordres. A ces haines vigoureuses correspondait chez le Père de Pascal la passion de l'Ordre, dont il voyait le plus bel épanouissement dans la Monarchie française et l'Eglise catholique. Estimant que l'ordre de l'existence extérieure est le rayonnement de la justice intérieure, il s'est constitué, avec une ardeur jamais lassée, le champion de l'ordre chrétien et de l'ordre français. Partant, il nous laisse, avec un grand exemple, un noble idéal à poursuivre.

En ces temps où le fléchissement des vérités primordiales — *diminutæ sunt veritates* — se fait si cruellement sentir, le Père de Pascal, doctrinaire intransigeant, ne fut pas de ceux — trop nombreux hélas ! — qui énervent et amoindrissent la vérité en la rapetissant à leur aune, ou par le don gracieux d'équivoques baisers Lamourette. Il a été l'homme d'une seule idée. Ce sera son impérissable honneur d'avoir dépensé, sans compter, sa longue vie à la dépense des grands principes qui peuvent seuls sauver la société et hâter la réalisation, si grosse de bienfaits, de l'Ordre social chrétien.

A. DE LA VALETTE MONBRUN

Au lendemain de la mort du Père de Pascal, M. Charles Maurras, tout ému de cette douloureuse nouvelle, saluait la mémoire du grand ami de l'*Action française*, en ces courtes lignes, qui font autant d'honneur à celui qui les a écrites qu'à celui qui les a inspirées.

Le jour même où le grand Rodin vient de s'éteindre, nous sommes avertis du deuil cruel qui frappe l'*Action française* et dès lors nous détourne de participer au deuil général. Nous avons perdu le Père de Pascal. Il était notre ami. Il avait été notre maître. Il a rendu aux heures difficiles des services de premier plan.

Bien que sa rencontre ne datât pour nous que des premières années du siècle, nous lisions depuis très longtemps les bibliographies, les polémiques, les notices extrêmement substantielles, nettes et vigoureuses dont il remplissait l'*Association catholique* au temps où ce bulletin exprimait les idées de l'école sociale catholique, fondée par le marquis de la Tour du Pin Chambly. Historien et philosophe économiste et théologien, le Père de Pascal reconnut vite dans nos idées ses idées, et l'on peut dire que ses admirables *Lettres sur l'Histoire de France*, comme plus tard ses cours, si brillants et si familiers, à l'*Institut d'Action française*, marquèrent une sorte de renaissance, un heureux regain de son activité intellectuelle, lorsque, la soixantaine sonnée et bien passée, il s'aperçut qu'une équipe nouvelle mettait à profit ses travaux, ses efforts, son expérience et que, du point de vue le plus humain, il n'avait ni lutté ni travaillé sans fruit.

Que nous aimions le grand vieillard solide et plein de verve dont les yeux respiraient l'espoir, la confiance et aussi la sereine satisfaction de sentir que ce public jeune et nombreux lui était né, non seulement pour l'applaudir, mais pour le comprendre, le suivre et le continuer ! J'ose dire qu'il nous rendait de son cœur large et vif cette affection profonde. Nos émotions étaient les siennes ; il ne manquait pas de nous écrire pour affirmer qu'il était avec nous à chaque alerte nouvelle et nos anciens lecteurs savent que les accidents ne nous ont pas été ménagés. Il ne s'en étonnait nullement. Il nous savait la destinée des matelots, et il voulait prendre sa part de veille et de coups de rames. De quel cœur il eût assisté à la petite bataille et au joyeux triomphe de ces derniers jours ! Mais la pensée de la vraie bataille, l'invasoin, la lenteur de la récupération de la France avaient épuisé les réserves de son organisation si puissante ! Le Père de Pascal n'était depuis un an, que l'ombre de lui-même. Le corps ravagé, l'esprit .parfois réduit au silence par les excès du surmenage ancien, le père de Pascal a fléchi sous le poids des jours et des œuvres ; il meurt à quatre-vingt-un ans, emportant les regrets que l'amitié ajoute à l'ardente tristesse d'une grande œuvre trop éparse et inachevée malgré tout !

Un autre adieu lui sera dit en notre nom à tous. Je ne quitterai pas le bord du caveau où s'endort ce Français de la plus vieille, de « la plus profonde France », sans y déposer comme un hommage personnel, un conseil à l'adresse des jeunes gens : Lisez-le ! Nous lui devons beaucoup. Sa leçon, sa critique restent utiles et nécessaires pour de longs jours.

Charles Maurras.

A la nouvelle du décès du Père de Pascal, M. le Marquis de la Tour du Pin, en exprimant la douleur que lui causait la perte d'un ami de trente ans, écrivait : « Si je puis rendre quelque service à sa mémoire, soyez assuré que je suis tout disposé à le faire ». Fort de cette parole, nous avons osé demander au vénérable vieillard qui, chassé de son beau pays de l'Aisne, supporte noblèment en Suisse les rigueurs de l'exil, de nous adresser quelques pages sur le Père de Pascal. Nous savons infiniment gré à M. le Marquis de la Tour du Pin d'avoir bien vouloir accéder à notre requête. Il convenait que le Père de Pascal obtînt l'hommage de celui qu'il appelait « son meilleur ami » et avec qui il a lutté si longtemps de concert pour dégager des complexités du droit moderne et affirmer avec vigueur les principes constitutifs de l'*Ecole sociale catholique*.

Un château du Laonnois, où rayonnait la grâce chrétienne, fut le lieu de ma rencontre avec le P. de Pascal. Il arrivait de quelque congrès catholique en Belgique (1), plein d'admiration pour un des orateurs, M. Charles Périn. Je ne partageais pas ce sentiment, parce que l'éminent professeur avait combattu M. de Mun sur le terrain de la question sociale.

De là au sortir du dîner une joûte, qui s'échauffa si bien — le Père étant fort bouillant et moi assez tenace — que la dame de céans dût en souriant nous inviter à en remettre la suite au lendemain. Elle sourit encore davantage au matin, quand le premier mot de mon adversaire fut : « Ce Périn... » La nuit avait porté conseil — non bien sûr sans que nous y eussions prolongé l'entretien ; le Père, avec son esprit aussi sagace que prompt, son tempérament du Midi, où les plus vifs emportements ne sont jamais sans quelque réserve tacite permettant le retour, avait discerné le vrai dans ce que j'avais peut-être fini par mieux présenter. De cette doctrine sociale, à partir de ce jour, et pendant trente ans, il devait être le plus généreux champion. Et dès ce jour aussi, il voulut bien m'accompagner sous le toit familial voisin, chez ma mère. Il avait conservé longtemps aussi la sienne, et la parité dans cette grâce, bientôt après dans le deuil, devint en nous un trait d'union plus intime que celui qui venait de créer notre amitié : « *idem velle, idem nolle de republicâ* ».

Cette condition groupait à Paris chez une parente, qui devait plus tard tenir la place de ma mère au foyer, des amis dévoués aux mêmes causes. Le P. de Pascal s'y laissa amener et resta ainsi l'hôte assidu d'Arrancy. Il en aimait la vie simple et remplie, la bibliothèque claire et bien ordonnée, formée par mon grand-père au XVIIIe siècle ; celle de mes propres études, que je lui avais cédée avec l'appartement ; puis l'église du village, où il parlait le langage d'un homme qui connaît la terre à ceux qui la cultivent ; les promenades en forêt dans la vallée de l'Ailette, qui ne recélait alors que les ruines vénérables d'un monastère cistercien.

1. Le congrès de Liège, où le P. de Pascal avait pris la parole et obtenu un très vif succès (*Note de l'auteur de la notice*).

Au cours de ces promenades, on nous entendait parfois, de loin même, disait-on, disputer, quand j'opposais quelque donnée d'observation à quelque argument de doctrine : le Père était d'une si belle intransigeance là où il estimait que l'Eglise avait parlé ! Mais combien différent de ces « intégristes » qui ne cherchent qu'à fermer les portes !

Ces portes, il les ouvrit, au contraire, à qui s'avisa d'y frapper, après que le deuil fut venu de nouveau éteindre le sourire que des amitiés fidèles et d'autres naissantes aimaient à chercher à Arrancy.

Le cadre de nos entretiens n'existe plus, ni ses bois, ni son toit, ni le patrimoine, ni l'héritier qui a payé la dette du sang. Si je survis au désastre, que ce soit pour acquitter ici la dette que j'ai d'alors envers le maître et l'ami disparu.

Je ne saurais mieux faire pour cela que de lui rendre la parole ; car c'est surtout aux ouvriers de la pensée, comme il voulut l'être dans le domaine des sciences sociales, que s'applique la promesse consolante de l'Ecriture : *Opera eorum sequuntur illos*. Ce n'est pourtant pas chose aisée à faire dans la condition cruelle qui ne ne m'a pas laissé une feuille de sa correspondance, une page de ses écrits, autre que celle qui ouvre la réponse à un appel que je lui avais adressé. Cette réponse s'annonce par ces mots : « Une amitié à laquelle je ne sais rien refuser... » et se poursuit par une profession de foi de la « *thèse sociale catholique intrégrale* « en opposition aux « théories égoïstes et aux pratiques sou- « vent féroces d'un individualisme qui a séduit depuis plus d'un « siècle tant d'esprits même chrétiens, quoiqu'il soit ce qu'on « peut appeler, en toute rigueur de termes, le *contre-christia- « nisme* le plus déclaré. (1) »...

Voici cette page :

« Il y a sur la société deux conceptions absolument différentes : « la première, que j'appellerai matérialiste et mécanique, la « seconde, vivante et organique. Pour les tenants du premier « système la société est une cohue d'atomes individuels, plus ou « moins ingénieusement agencés par la main de fer de l'Etat, un « mécanisme de rouages qui s'engrènent les uns dans les autres « et qui obéissent à l'impulsion d'un moteur central. Pour les « autres, la société est un ensemble de groupes vivants, lumineu-

1. *Voyetsang*. I. Morale et économie sociales. Préface, p. 6, Bloud et Cie Paris.

« sement coordonnés en vue de la fin générale, ayant chacun sa
« fonction propre et son autonomie relative. Regardons, non
« point au dedans de nous des abstractions vides de réalité, mais
« devant nous, les choses elles-mêmes, telles qu'elles se dévelop-
« pent au souffle de l'histoire, et nous verrons qu'une société est
« un immense organisme corporatif, à partir de cette première
« corporation naturelle et nécessaire qu'est la famille, jusqu'à la
« grande corporation, l'Etat, en passant par ces corporations
« intermédiaires, filles de la première, origine de la dernière, les
« Communes, les Provinces, sans oublier les Associations profes-
« sionnelles qui groupent les hommes rivés aux mêmes occupa-
« tions, ayant par conséquent les mêmes intérêts. Le régime cor-
« poratif, entendu dans son sens large et élevé, est le régime
« naturel de la société humaine... »

« L'idée fait son chemin. S'il y a un avenir pour ce pauvre
« monde actuel où, peut-on dire avec l'Ecriture, *nullus ordo
et sempiternus horror inhabitat*, il est là et il n'est que
là (1). »

L'éminent champion, qui était venu généreusement au secours
de notre jeune Ecole dès nos premiers pas, s'est inscrit ainsi dans
« la pléiade illustre », comme il l'appela, des Joseph de Maistre,
Bonald, Donoso Cortès et Blanc de Saint-Bonnet, dont il se fit
l'émule par ses *Lettres sur l'histoire de France*. Il montre même
un recours plus complet que celui des deux premiers à l'idée
sociale de ce moyen-âge chrétien, où la philosophie de l'Evangile
gouvernait les Etats. Et il ne craignit pas de citer, dans son pres-
sentiment de la tourmente actuelle, les paroles terribles du
dernier, tracées il y a plus de soixante ans : « Les faits avant
« peu mettront les vérités à nu... Ce ne sera plus la doctrine
« méconnue que l'on entendra ; ce ne sera plus la conscience
« inécoutée qui criera : les faits parleront leur grande voix. La
« vérité quittera les hauteurs de la parole ; elle entrera dans le
« pain que nous mangeons [et qui nous manquera], dans le sang
« dont nous vivons [et qui tarira] ; la lumière sera du feu ! les
« hommes se verront entre la vérité et la mort... Auront-ils
« l'esprit de choisir ? (2) »

---

1. *Ibid*. II. Politique sociale. Préface, p. 5. *Passim* pour les citations sui-
vantes.

2. Blanc de Saint-Bonnet.

Il avait choisi, notre si bon et révéré ami, et bien choisi. Si, au cours de la joûte pour la vie, on crut pouvoir dire de lui qu'il n'avait de l'agneau que le nom, du moins ne mit-on jamais en doute sa loyauté. C'était une noble figure, toujours chevaleresque, aussi bien quand il se trouvait aux prises avec le mécréant que quand il se rencontrait au foyer de l'ami.

La Tour du Pin Chambly

N. B. — Les lecteurs de cette brochure seront, sans doute, heureux d'apprendre que le prochain almanach de l'*Action française* contiendra une notice biographique avec un beau portrait du Père de Pascal.

Les vivants s'honorent en rendant hommage aux morts dont ils sont le prolongement, et en confessant tout ce dont ils leur sont redevables.

— A. DE L. M

Imp. Jouve et Cie, 15, rue Racine, Paris — 3804-18